# Aphorismes

Tumulte et symphonie
du genre humain

**Latifa Labidi**

# Aphorismes

## Tumulte et symphonie du genre humain

Les Éditions du Panthéon
12, rue Antoine Bourdelle – 75015 Paris
Tél. 01 43 71 14 72 – Fax 01 43 71 14 46
www.editions-pantheon.fr

Le haut et le bas se touchent, tout comme le passé, le présent et l'avenir.

Rien ne sert de se pencher en arrière, ni même de se projeter dans nos lendemains ;

Ce qui compte, c'est notre présent adéquatement vécu.

Pour y parvenir, il faut nécessairement évacuer toutes nos croyances et préjugés et, se fondre dans le corps du nouveau-né.

\*\*\*

La vie est une extraordinaire énergie qui nous prête existence en corps. L'humain au cours de sa vie tente d'évoluer parmi les autres, nécessaires à son épanouissement ;

Tout en s'efforçant de marquer ses différences, en imposant ses propres volontés ou en subissant celles des autres.

Ce qui compte en réalité, n'est pas tant d'avoir une vie conforme à nos envies mais, c'est bien d'être conforme à la part de vérité que nous détenons.

\*\*\*

Toutes ces richesses, étalées aux yeux du monde, ne sont pas profitables à l'être.

\*\*\*

L'existence nous prête vie en corps dans un espace-temps que nous percevons puisque pure création artificielle de l'œil,
Mais l'idée de partir ne séduit pas l'homme.

***

Nous ne pouvons résoudre notre vie comme on résout un exercice de mathématique,
Nous n'avons pas connaissance de l'ensemble des données.

***

Dans notre espace limité, nous avons accès à la vérité.
En améliorant notre intérieur, nous laissons entrer la lumière et percevons notre part de vérité dans le tout.

***

Aucun cadeau, aucune faveur ou politesse n'aura jamais l'éclat de celui qui sait rester lui-même sans rien attendre en retour.

***

Si un bonheur me comble, si un malheur m'accable, je m'en affecte également.
En rationalisant mes affections, je vise l'équilibre et la sérénité d'esprit.

***

L'état d'intuitive intuition est un accès direct entre l'humain et le divin.

***

L'acceptation nous mène à la sérénité, laquelle nous conduit au degré de perfection de ce que nous sommes.

\*\*\*

L'acceptation nous procure souplesse au corps et clarté d'esprit.

\*\*\*

Tout au fond de soi au calme, c'est sans parole que la vérité s'exprime.

\*\*\*

C'est dans l'obscurité de soi que jaillit la lumière.

\*\*\*

La poussière est à l'origine de tout, de bout en bout.

\*\*\*

Le jugement porté à l'égard de notre prochain nous place définitivement hors de la vérité.

\*\*\*

Le corps en tant que symphonie majestueuse de l'esprit.

\*\*\*

Celui qui retrouve la souplesse des premiers jours peut entendre.
Celui qui écartera ses croyances avancera.
Celui qui évitera toutes paroles inutiles s'élèvera au creux du berceau de la mère du monde.

\*\*\*

Le plus difficile n'est pas de trouver la vérité, bien que le chemin soit sinueux, il est vertueux.
Le plus difficile reste d'abandonner toutes croyances et préjugés.

***

Les biens courants auxquels l'être humain s'attache sont à l'origine de sa vulgarité.

Ces biens courants font que l'humanité emprunte les mêmes sentiers, sans que jamais personne n'y trouve son propre chemin.

***

L'esprit humain est esclave des plaisirs, des honneurs et des richesses.

L'esprit de l'homme libre est celui qui ne veut rien.

***

Nous pensons prendre des décisions importantes dans notre vie.

Mais c'est bien la vie qui détermine tout pour nous.

***

La vie est un grand échiquier. Mais là, tout le monde finit par se coucher.

***

L'être humain a tendance à se prendre pour une sorte de Dieu ; puisqu'il pense que si toute chose existe, c'est pour son usage.

***

Bien vivre au milieu des autres sans pour autant vivre pour les autres.

***

Les plaisirs sont bénéfiques s'ils apportent satisfaction sans aliénation.

***

Nous nous attachons avec crispation à la durée de notre vie, bien plus qu'à la qualité.
De l'espace que nous occupons.

***

Ne soyez pas affectés par le venin propagé par la vulgarité.

***

En privilégiant l'être, nul besoin de paraître.

***

Au cœur de vous-même, vous illuminez.

***

Tout le jour, nous enchaînons nos actes et pensées en oubliant parfois de vivre.
À la nuit tombée, évitons de penser à ce jour passé, et à celui d'après, sans vivre.

***

Subvenir à ses besoins, c'est traiter ses envies en fonction de l'appétit qu'elles provoquent.

***

Les natures humaines sont différentes mais aucune n'est supérieure à l'autre,
L'humanité est une unité.

***

Le plus sûr moyen de se sentir bien consiste à ne s'attacher à rien,
Le seul véritable bien évolue sans lien.

***

Le plus beau ne se voit pas.
Le plus vrai ne s'entend pas.
Et pourtant, la perception est bien là.

*\*\**

L'argent s'immisce dans le rapport humain et le dévalue.

*\*\**

Quel que soit l'intérêt porté à la philosophie, nous sommes tous concernés par cette science du mieux-vivre de l'être.

*\*\**

En écartant les avoirs, je vise le principal,
En évitant de vouloir, je stabilise mon âme,
En me séparant de toutes mes croyances, je me libère,
En m'abstenant de penser, je retrouve la confiance initiale du nouveau-né,
Ainsi, je suis prêt enfin à vivre la vie heureuse qui est la mienne.

*\*\**

Nul besoin de cultiver l'esprit de compétition.
Nous sommes tous gagnants certains jours et perdants à d'autres,
Mais surtout quels que soient les chemins empruntés au cours de nos vies,
Nous parvenons au grand final de celles-ci à intégrer la même équipe.

*\*\**

Les occurrences de la vie parasitent nos esprits de bien lourds fardeaux, cependant,

Il conviendrait d'accueillir chaque jour comme un cadeau,
Il conviendrait de le vivre comme si c'était le plus beau.

*** 

Notre mode de vie fait que l'esprit humain s'aliène et est empêché de lui-même.

***

Si je me pose des questions, je sais intuitivement que rien n'est laissé à l'abandon,
Si je trouve parfois quelques solutions.
Ces jours-là, j'éprouve en moi une sensation d'adéquation.
Le mieux pourtant serait de ne me poser aucune question,
Laissez agir la non action.

***

Ce qui est bon pour moi ne l'est pas pour d'autres et je le comprends.
Ce qui est mauvais pour moi ne l'est pas pour tous, seulement, je m'en distancie.

***

De l'accumulation de toutes ces choses accessoires, ne découle aucune vraie solution.

***

La possession nous berce dans l'illusion d'une satisfaction qui ne provoque jamais l'apaisement.

***

Celui qui est plein n'est jamais serein.

*** 

Celui qui parvient à une extrême vacuité déteint une constante sérénité.

***

Il est important de ne pas se mentir à soi-même,
La clarté de nos pensées trouvera une solution pour chacun de nos problèmes.

***

La droiture d'esprit permettra de nous libérer de nos chaînes.

***

Échapper au plus vite à la vulgarité,
C'est d'abord penser avec ordre afin de progresser.

***

Je me lave de tous mes maux et n'aspire qu'au repos,
Je me lave et laisse couler l'eau afin de faire glisser tous ces maux,
Nul besoin de mettre la tête hors de l'eau,
C'est dans les vertus de l'eau que je trouverai les solutions qu'il me faut.

***

J'aimerais progresser avec célérité sur le chemin de la vérité,
Même si je sais avancer selon mes capacités forcément limitées,
Les vertus de l'authenticité ont sublimé mes pensées et éclairé mon esprit.

***

L'obscurité n'est pas un frein pour la vérité,
C'est même en son sein qu'elle sommeille avant de jaillir dans la lumière.
Ce qui nous affecte excessivement nous égare de ce qui est vrai,
Ce qui nous touche adéquatement nous révèle notre vérité,
Tout dans la nature se déploie sans excès.

*** 

L'honnêteté, la fiabilité mènent un jour sur le chemin de la vérité,
Sans vraiment savoir comment ces choses-là peuvent arriver,
Sans que rien dans la vie n'ait véritablement changé.
Tout est dans la façon de l'appréhender,
Avancer éclairé.

***

Vide le tout et le tout vient,
Vide-toi de ces faux liens, tu seras serein,
Reste simplement toi-même, reste humain,
Celui qui y parvient détient le vrai bien.

***

Mieux vivre en appréciant les plaisirs,
Tout en sachant rester vivant,
Autrement, dit libre.

***

Les plaisirs du corps sont attrayants,
Certains y pensent constamment,
De sorte qu'ils deviennent dépendants ;
Or, c'est en appréciant les plaisirs exempts de tout enchaînement
De corps et d'esprit que l'on reste vivant.

***

Accepte la vie comme elle vient,
Et ne retiens rien.
Prends la vie comme elle est, sans frein ni crispation,
Sinon ce sera déjà la fin.

***

À l'origine de la vie, une belle idée, un don,
Un cadeau merveilleux qui retourne à son créateur.

***

Les merveilles de cette vie prêtée sont multiples et
variées,
À condition de tout accepter :
Le bon pour soi comme un véritable don,
Le mauvais pour soi comme un moment de réflexion
et d'acceptation.

***

L'attirance du corps ne mène pas forcément à une
véritable alliance,
L'esprit, lui, peut embellir notre vie en un tour de
main,
La communion du corps et de l'esprit nous place
sur le bon chemin.

***

Il faut toujours prêter attention à l'idée du matin,
Lorsque le jour vient et que nous sommes sereins,
Nous sommes alors sur le bon chemin,
Nous sommes alors une parcelle du divin.

***

Rien ne se referme sur la vie,
Le temps n'est rien,
La vie ne prend pas fin,
Seul le déclin du corps survient.

***

Le seul véritable bien en lien avec un état constant et serein,
Et celui que chacun détient en son sein.
Nul besoin de courir les magasins ou d'envier son voisin.
C'est en empruntant son propre chemin,
Au fond dans son jardin,
Que l'éclat finit par jaillir enfin,
Sans limitation de durée ni fin.

***

De toutes nos affections,
Beaucoup ne mènent pas à la guérison.
C'est avec la passion que nous subissons.
Essayons donc la raison et alors, il sera question d'amélioration.
Pratiquons sans modération l'amour et la compassion,
Et enfin vivons.

***

Tout est comme si le paraître avait pris le dessus de l'être,
Vous faites semblant d'y être mais pourvu que jamais rien ne transparaisse.
Vous gémissez sans cesse,
Vous accumulez toute chose à toute vitesse.
Le paraître devient alors le maître de votre forteresse,

Vous n'êtes plus heureux mais ne devez pas afficher cette faiblesse,

Lorsque vous déciderez de vraiment être vous-même, sans stress.

Ce jour-là, vous abandonnerez votre tristesse.

***

À mi-chemin, pas encore assez loin, pour apprécier le vrai bien,

Mais suffisamment pour en percevoir le lien,

Le maintien sur ce cap reste alors, ô combien !

Un besoin au quotidien.

***

Cruel dilemme de celui qui n'est jamais lui-même,

Mais toujours celui qu'il faut,

Se trouve à présent hors de tout propos,

Et se rend compte à quel point tout est faux.

Toutes ces années dans ses liens conjugaux,

À construire des idéaux, des joyaux.

Aujourd'hui se retrouve dépendant de tous ces matériaux,

Est enseveli à jamais dans la pierre,

Et manque déjà d'air.

***

Il n'y a rien de plus grand que la jouissance du temps présent.

La vie nous offre de vivre l'instant présent,

Et pourtant, cet espace nous semblerait presque absent, comme inexistant,

Tellement nous sommes obstinément cantonnés dans notre passé,

Si ce n'est, projetés et obnubilés par notre futur.

En réalité, en agissant ainsi, nous ne pouvons pleinement sentir
Les vibrations du moment.

*\*\**

L'être humain fonctionne à l'envie,
Laissant souvent peu de place à l'esprit.
Il semble plus facile de répondre à ces caprices incessants
Que de goûter aux délices stables d'un plaisir constant.
Pourtant, les uns enchaînent pour longtemps,
Les autres libèrent sur-le-champ.

*\*\**

Si le droit de propriété est le reflet de ce que l'on est,
Force est de constater que cette prospérité
Ne reflètera jamais l'éclat de ce que l'on est.
Le piège en effet, est de croire en cette réalité.
Si le droit de propriété marque un état de supériorité,
Rien n'est plus éloigné de ce qui est vrai.

*\*\**

Les plaisirs du corps peuvent nous emporter loin dans la progression,
À condition que l'esprit soit dans l'évolution.
Sinon, il ne pourra s'agir d'une véritable ascension,
Peut-être un frisson ou pire une addiction.

*\*\**

Une heure, une matinée ou une vie,
Il y aura toujours quelqu'un pour s'en souvenir,
Ce qui importe vraiment, n'est pas le temps que cela prend,
Mais l'instant.

Au détour d'un beau jour,
C'est avec humour que l'amour s'invita sur notre parcours,
Laissant le temps du séjour, tout le reste aux alentours.
Mais c'était sans compter sur les vautours,
Et c'est, seul, que je ferai mon retour.

***

Une union sans véritable fusion.
Plus qu'un lien d'obligations, une question de transmission ;
Nous qui aimons nos biens,
Au-delà de l'usurpation de nos sentiments,
Malgré l'ulcération.
Bien être ou bien avoir ? Posez-vous la bonne question.

***

L'acceptation de tout mène à l'absolution de nos convictions.
L'abandon de nos superstitions nous donnera la solution
D'une permanente libération.

***

Ce qu'il me faut découvrir avant de partir,
C'est comment, pour le mieux, agir
Afin d'embellir ma vraie nature.

***

Donner un sens à sa vie quelle qu'en soit sa distance,
En ayant toute confiance et connaissance de soi,

Afin d'être en puissance ;
En conciliant bienveillance et aisance,
En évitant l'arrogance et l'opulence,
En écartant toutes doléances,
Afin d'être en accord avec l'existence.

***

Pour moi, il n'y a pas meilleur choix
Que de cultiver la joie au fond de soi,
Loin de toute agitation,
Il n'y a pas de meilleur sentiment, au fond,
Ce sentiment puissant et, nul autre besoin,
Demeure ce dont l'humanité a besoin.

***

Les privilèges qu'apporte l'argent sont variables et,
Agissent en réalité, comme un sortilège
Sur l'humanitude de l'être.
Pourtant, ces honneurs attisent toujours un nombre croissant de conquérants.
Quant aux indigents, ils ne cessent de les vouloir, pour autant.
Tout cela, au détriment des seules richesses à valeur constante, que nous détenons.

***

C'est incessant, ces insultes,
Au lien du sang, du sol, ou au nom de l'argent.
Et pourtant, l'immanence de l'être semble propre à chaque humain.

***

Les habits de lumière, revêtus devant le curé hier,
Sont désormais réservés au notaire.

L'apparent chemin fait l'objet de toutes les attentions
Sous forme de conventions,
Pourvu qu'il s'agisse d'acquisition.
Quant au chemin intérieur, celui qui éclaire, il reste désert.

***

Faites le pas, petits ou grands, pourquoi pas, c'est selon le cas.
C'est à vous de voir ça,
Mais ne restez pas là,
Marchez, sautez ou plongez du paraître à l'être.

***

Donnez-vous toutes les apparences qu'il faut,
Faites-le rigolo et vous garderez tous vos maux.
Pour éliminer ce qui est faux : affrontez-vous en solo.

***

Il y a des gens petits ou grands d'apparence différente,
Mais la nature ne connaît pas de petites gens.
Il s'agit de l'œuvre, et manœuvre de gens qui ont de l'argent,
Et qui mettent les indigents au rang de servants tous azimuts.
L'humanité n'est pas un rang, mais une partie du tout.

***

C'est avec une apparente réjouissance et à l'aide de certaines substances
Qu'il vous faut entrer dans la danse. Ce qui compte c'est de suivre la cadence.

Dans le rythme et au pas de danse, vous vous éloignez avec prudence, de votre vrai silence.

***

S'adonner à une religion, même avec discrétion, est perçu aujourd'hui comme une
Aberration, seule l'adoration de la consommation forcera l'admiration.

***

Les privilèges s'exhibent à coup d'acquisitions en tout genre,
Mais, il en est un qui est propre au genre humain,
Nous sommes vivants, et il devient urgent
D'explorer notre degré de vérité.

***

Dans nos sociétés contemporaines, nos dirigeants demeurent impuissants
À intervenir, dans une quelconque résolution, toute appartenance confondue.
En revanche, le pouvoir s'exerce en puissance sur leur ego.

***

Au passage, la vie transmet un message,
Il serait sage d'en faire le meilleur usage.

***

Ces êtres humains au visage plein de haine, sont en constante crispation.
Ce sentiment puissant leur procure satisfaction d'appartenir à une section,
Et, c'est sans ménagement qu'ils déblatèrent tout le temps.

Le reste du monde devient alors sujet à détestation.
Mais dans le fond, avec ou sans entourage,
Ces visages-là sont en état de parfait asservissement
De cet affect et, manquent
Cruellement de rationalisation.
Heureusement comme à chaque fois, à la naissance du nouveau-né,
C'est la plus belle émotion qui est là, l'amour n'a nul besoin de régulation.

\*\*\*

Il n'est pas nécessaire de tant avoir pour exister,
Il est nécessaire d'être en paix pour bien exister.
Il est nécessaire de vivre dans l'amour et la générosité,
Il est nécessaire pour cela, d'emprunter ce sentier,
Sans lumière au fond de soi.

\*\*\*

La vie ne doit rien au hasard, mais comme c'est bizarre
D'y croire autant à la chance,
Et de vouloir qu'un loto déterminant
Nous fasse faire un bond en avant.

\*\*\*

Le bien ne réside pas dans la pierre,
Une maison ou un appartement, il s'agit là d'une habitation ;
À voir l'affolement que provoquent ces acquisitions,
C'est la possession qui est à l'origine d'une apparente satisfaction.
C'est souvent un piège sans fond.
Réagissez s'il est encore temps, sinon et de toute façon,
La pierre risque fort d'être votre dernier compagnon.

***

Les conditions de vie ne sont pas la vie.
Nous sommes vivants.

***

Les accessoires et autres acquisitions ne viseront jamais le principal.

***

Il existe autant de gagnants que de vivants et même au-delà de ce que l'on peut voir,
C'est une question de perception.

***

Le plus beau secret qui soit,
Ne se cache pas en quelque endroit,
Il est simplement là en soi, pourtant, peu d'entre nous
Font le choix de le voir.
Il suffirait de se laisser guider par notre foi intérieure,
Pour enfin s'en apercevoir.

***

Il y a la vie, puis dans le décor, notre essence d'être et sa forme.
Dans la vie, tâchons d'être conforme à ce que nous sommes,
Au cours de notre vie, respectons l'œuvre principale, en jouant notre rôle.

***

Plus vous exercez vos manipulations de bourreau sur votre entourage,
Plus vous resterez un prisonnier en cage, à la fois victime et témoin de vos propres ravages.

Plus vous faites barrage aux autres, davantage vous vous sentez exister ;
Alors qu'en réalité, vous vous asphyxiez au fil de vos carnages,
Et le calme ne sera jamais dans les parages.

*** 

Les devises monétaires sont nécessaires,
Dans nos sociétés contemporaines,
Prétendre le contraire serait chose vaine.
Mais il conviendrait de replacer l'outil monétaire en tant que moyen et non comme fin ;
Et ce, pour donner un coup de frein à nos envies et, plus d'entrain à nos liens.

***

Aimer son prochain comme sujet d'acquisition s'apparente à la possession,
Ce n'est pas de l'amour.
Aimer comme un besoin est une aliénation,
Ce n'est toujours pas de l'amour.
Aimer vraiment est un don, pas une transaction.
De plus, en amour, personne ne tombe jamais,
L'amour est une élévation de l'humain vers le divin.

***

L'ego de l'être humain est un miroir grossissant,
Se placer ainsi au centre de tous les possibles
N'est pas du domaine de l'entendement.
Ce faisant, il lui serait grandement profitable
De sortir de cette illusion.

***

L'amour physique comme un dessert se déguste avec saveur mais prend fin.

***

L'amour dépasse notre vision étriquée des possibles,
et ne se cantonne pas à notre espace-temps,
Puisqu'il n'y a aucune limitation ni durée dans son
rayonnement d'action.

***

L'être humain est un petit élément dans le tout,
Qui pourtant, détient tellement de certitude.

***

L'amour physique est susceptible de nous rendre
malade.
L'amour de tout en est la guérison.

***

La vie est une énergie qui ne connaît pas le déclin,
Seul le corps humain connaît cette fin.

***

Heureux est celui qui ne se pose aucune question,
Et qui de la même façon ne souhaite aucune réponse.

***

Paisible est celui qui détient l'état d'intuitive
intuition,
En phase avec le vrai bien.

***

Le bonheur est un affect variable qui dépend d'autre
chose que de soi,
La sérénité est un état d'équilibre parfait que nous
détenons en nous.

***

La plus stable des croyances est la confiance
Et la joie intérieure qui l'accompagne.

***

Toutes les croyances de l'homme, en concurrence,
Ne favorisent pas la permanence de l'âme.

***

L'argent est un moyen financier pour obtenir certains biens,
Qui n'aura jamais les moyens d'accéder au vrai bien, inestimable.
Le vrai bien est un don à la portée de chacun.

***

Être en phase avec l'essence de ce que nous sommes
Nous place en adéquation avec la nature et l'éternité.

***

Chacun dispose d'un panel de possibles tout au long de l'existence,
Mais rien n'est possible sans envie.

***

Si chacun fonctionne à l'envie,
Seule, la joie lui donne vie.

***

Toutes ces garnitures et ces dorures ont pour seule fin,
De couvrir l'état de votre véritable nature.

***

Tous ces tourments incessants ne seront pourtant jamais,
En mesure d'anéantir la nature de la vie.

\*\*\*

Si vouloir toute chose vous semble nécessaire à faire,
Ne rien vouloir est la meilleure.
Vous pouvez tout avoir mais rien ne saura jamais vous satisfaire.
Ne rien vouloir et, ne plus faire taire votre éclat intérieur,
C'est la meilleure chose à faire.

\*\*\*

Puisqu'il est impossible à la nature humaine de vivre sans affect,
Autant faire le choix du plus harmonieux d'entre eux,
En respect de notre être.

\*\*\*

La solitude n'est pas aussi rude que ça, si telle est votre attitude sans vicissitude,
Ce qui est rude c'est de ne pas être en lien avec sa véritable plénitude.

\*\*\*

Malgré la fausseté de la situation, vous plongez profond dans ce sentier,
Vous ne pouvez plus nier n'avoir plus aucun centre d'intérêt avec votre moitié mais,
En évitant toute réflexion, vous gardez le tout dans son entier, il n'est pas question de
Partager, même prêt à vous crucifier, vous agissez contre votre vérité.

Il serait dommage que votre image soit constamment en décalage avec votre
Véritable envergure. Abandonner votre armure et la nature prendra soin de vos
Blessures.

En prêtant intérêt aux autres, vous verrez mieux en vous.

Votre ego vous place au centre de tout sauf de vous-même.
L'amour vous place au cœur de tout et en accord avec vous-même.

Rien ne sert de vouloir être à demain, car demain ne va pas fuir,
En revanche, l'instant vient de s'enfuir.

Un matin au-delà du réveil, il s'agira d'éveil.
Un instant de pure merveille, ce sera la révélation.

Depuis tant de divertissements, toutes ces fêtes au cœur de l'assourdissement,
S'il y avait eu autant de véritables enjouements,
L'humanité aurait sans doute atteint un réel degré d'épanouissement.
Mais, c'est à l'écart de tout attroupement, en suivant, silencieusement

Et individuellement, votre cheminement, que vous trouverez l'apaisement,
Pour enfin atteindre votre portée de ravissement vous reliant au tout.

\*\*\*

L'amour nécessaire est aussi évident que l'air que vous respirez.

\*\*\*

L'intelligence artificielle de l'homme provoque plus d'une séquelle,
La nature à l'origine de tout, elle, est facile puisque non artificielle.
Dans la nature, tout est utile, rien n'est futile.

\*\*\*

L'être humain tend trop vers le futile qu'il juge utile,
Avant de percevoir un jour, peut-être, que toutes ces créations artificielles lui sont hostiles,
Puisqu'elles le fragilisent.

\*\*\*

Dans la vie, le hasard n'existe pas, mais il y a des comportements hasardeux.

\*\*\*

Le don de tout ne dépouille de rien.

\*\*\*

Vous étiez perdu et abandonné, vous n'y croyiez plus,
Et pourtant, une main s'est tendue, un homme vous a entendu,

À votre tour, vous êtes à l'écoute, une oreille tendue.
Il y aura toujours quelqu'un suspendu au fil de la vie,
Qui sera secouru, l'homme n'est pas qu'un loup pour l'homme.

\*\*\*

Vous avez tant d'espoir dans l'art divinatoire,
Vous courez les devins et mages sans sagesses,
Vous voulez à tout prix lire les messages de demain.
Dès que l'on vous promet d'heureux présages,
Le calme en vous revient enfin, mais pour un temps incertain.
Sachez que l'essentiel est dans la perception de chacun,
Puisque chaque être détient une parcelle du divin,
Si vous ne saisissez pas un brin de confiance et de raison
C'est certain, vous favoriserez votre déclin,
C'est seul, que vous devez vous placer sur votre chemin.

\*\*\*

Le matin, vous regardez votre reflet dans le miroir,
Quand vient le soir, tournez-le vers votre intérieur.

\*\*\*

Mieux vaut être confronté à ses propres réalités que de subir celles des autres.

\*\*\*

La nature nous fait don de la vie, cette formidable énergie,
Pourtant, l'humanité ne cesse d'implorer sans arrêt, sans jamais dire merci.

Une joie que l'on affiche s'exprime pour un temps,
La joie que l'on tapisse en soi s'exprime sans limitation de temps.

***

Le respect que vous avez des différentes communautés, se limite à ce que vous
Mangez, mais dans la vie que vous menez, la diversité a tendance à vous crisper.

***

Lorsque vous voyagez dans de lointaines contrées,
Vous semblez tout accepter des différentes communautés,
Mais en réalité, lorsque vous rentrez, vous vous montrez réfractaire sur le sujet.

***

Tous ces voyages n'ont pas eu l'effet d'ouverture d'esprit escompté,
Au cours de vos dîners, tous ont servi à assoir votre pseudo supériorité.
Vous n'avez jamais envisagé de voyager pour apprécier les différentes communautés.
Pour vous, voyager est juste un privilège financier.

***

Affrontez vos réalités sans aucune crainte, il ne peut rien vous arriver de mauvais,
Si vous restez vous-même, vous le savez. En revanche, si vous vous pliez contre vous-même,
Vous subirez vos propres plaintes.

***

Cultiver en toute saison et sans relâche, de la joie dans votre sphère intérieure,
Vous donnera l'énergie nécessaire de tout affronter sur le terrain extérieur.

\*\*\*

L'amour physique est plus intense sans parole.
La mémorisation sensorielle est plus vraie que la mémoire des paroles.

\*\*\*

Il convient d'agir et d'oublier l'action produite,
Ne rien attendre c'est déjà recevoir.

\*\*\*

De la nature découle tout élément en abondance et sans retenue,
De l'homme découlent des besoins addictifs et sans délivrance.

\*\*\*

Dans la nature, tout se déploie en secret.
L'être humain devrait en prendre de la graine
Et moins s'afficher.

\*\*\*

Nul besoin d'être bruyant pour exister,
Il n'y a que l'être humain pour croire en cette réalité,
Du coup, il impose sa pseudo supériorité.

\*\*\*

Depuis toujours, l'homme a l'obsession du temps
Cependant, cette unité de valeur n'existe que dans son champ de vision étriqué

Pourtant, c'est pour lui, un défi permanent,
Une question de domination.

*** 

Ne passez pas votre temps à vous souhaiter le meilleur dans la vie,
Comme une projection. Vivez le meilleur de la vie à chaque instant.

*** 

Le lien humain est un élément déterminant qui nous relie au tout,
Le lien du sang est un élément puissant qui nous relie les uns aux autres.
L'humanité est en réalité issue d'une seule et même famille.
La diversité au sein de l'humanité est une richesse.

*** 

Le corps humain nécessite du repos, et il a généralement ce qu'il lui faut,
L'esprit quant à lui n'a besoin de rien, si ce n'est du vide pour être limpide,
Mais là, des idéaux l'encombrent trop.

*** 

Ne rejetez pas l'instant, en vous souhaitant des lendemains meilleurs,
Évacuez vos peurs et soyez vivant à votre endroit exactement.

*** 

Ne confondez pas savoir et vérité :
Le savoir a besoin de se remplir de tout pour assurer une fonction,
La vérité n'a besoin de rien pour exister en vous.

***

Ne confondez pas intelligence et vérité :
L'intelligence a besoin d'être évaluée en fonction de ce que l'on sait pour exister,
La vérité n'a pas à être mesurée, ne s'apprend nulle part, et pourtant, elle est partout.

***

Nous disposons des jours pour voir,
Des soirs pour percevoir,
Sans que jamais ne soit prononcé aucun mot.

***

Si vous vous apprêtez à interrompre le silence,
Faites-le en parfait accord, sens et cadence des mots.

***

Lorsque vous arriverez aux frontières de vos possibles,
Il y aura toujours quelqu'un pour prendre le relais.

***

La vie est une onde énergétique qui nous inonde et émet sans fin.
Au fur et à mesure, les ondes de l'homme s'élargissent
Jusqu'à ce qu'elles le basculent ailleurs
Mais jamais, elles ne s'éteignent.

***

Si vous devez prendre la parole, faites-le,
Sinon agissez sans un mot, tel qu'a toujours fait la nature.
Ça ne sera que plus beau.

\*\*\*

L'échange et la complicité ne se traduisent pas en nombre mais en intensité.

Rien n'est plus appréciable que la sincérité des échanges en amitié,

Il s'agit là de contact réel et non supposé.

\*\*\*

Les différences de caractères des uns et des autres ne sont pas toujours compatibles,

Mais il est possible pour tous de s'exprimer et cela du plus faible à l'invincible.

Les défauts sont corrigibles, puisque tout est flexible.

Les qualités quant à elles sont toujours susceptibles de se multiplier,

Et le bon chemin reste accessible à chacun.

\*\*\*

Si d'aventure un matin, vous ne retrouvez plus votre chemin,

Au point de ne plus vous souvenir de rien,

Posez-vous un instant et surtout, restez serein,

Ne rien faire peut aussi agir pour votre bien.

La non action ce n'est pas forcément ne plus être en lien.

\*\*\*

Restez à l'écoute de tout ce qui vous entoure,

Sortez de vos cages et de vos tours,

Sans crainte d'y croiser des vautours.

Soyez attentif à la nature autour,

Aujourd'hui est un nouveau jour.

\*\*\*

En favorisant l'amour et la générosité, vous jouirez d'une joie constante,

Laquelle vous apportera la paix intérieure et une stabilité d'âme permanente

\*\*\*

Pouvoir avancer sur son chemin, tout aborder avec calme et quiétude,

Ne viendra pas forcément demain, il est possible d'y parvenir grâce à l'étude

Dont le programme porte sur le mieux-vivre de l'être humain, mais c'est une certitude.

Aucun enseignement extérieur ne le fera pour moi, c'est pourquoi,

Il me faut sans délai développer mes aptitudes,

Je n'ai de cesse que de vouloir acquérir cette belle attitude.

Sans prélude, je cultive la joie, seul lien possible entre l'humain et le vrai bien.

\*\*\*

Jalouser votre voisin ne vous apportera jamais aucun remède ni soin,

Votre rage intérieure en est témoin, au fond de vous-même vous le savez bien.

Vous êtes vivant autant que chacun, rien n'est plus grand, n'enviez rien.

Le trop-plein de rancœur que vous subissez au quotidien,

Vous empêche d'être serein, celui qui y parvient se vide de tout et reste draconien,

Pour y parvenir, trouvez en vous le moyen d'être aérien, d'être vous sans lien,

Ainsi, votre chemin de vie ne manquera jamais de soutien,
En agissant ainsi, vous détiendrez bien un vrai trait d'union avec le divin.

*** 

L'humain ne décide de rien, mais veut tous les biens,
La vie nous détient bien sans rien vouloir.

*** 

Nous entrons dans la vie en tant qu'invités mais, nous ne savons pas prendre congé.

*** 

La vie ne s'arrête pas au bout du chemin, un autre horizon existe au loin.

*** 

La vie est un présent permanent.
Le découpage du temps n'est que pure invention,
Source de bon nombre de crispations.

*** 

La vie n'a pas pour dessein de s'incliner devant
Le moindre de nos souhaits,
La nature ne veut rien.

*** 

L'homme interfère sans fin sur la nature,
Qui pourtant ne lui demande rien.

*** 

La perversité de certains est néfaste pour la globalité de l'humanité.

Agissons sans délai contre ce mauvais sentiment,
En opposant la générosité que rien ne peut terrasser.

***

Fortifiez votre cœur pour accueillir encore plus de douceur et,
Stabilisez votre âme pour tout accueillir dans son ampleur.

***

Vos exigences n'ont en réalité aucun sens,
Prenez une dose d'humilité, vous existez.

***

Le sentiment le plus ravageur est sans doute la peur,
Réagissez, sortez de cette frayeur.
Heureusement, Il existe un élan contraire,
Cet autre sentiment fort et libérateur
Vous fera vivre au grand air, vous êtes libre.

***

Mettez une dose de silence à vos actions et agissez,
Faites que chacune de vos actions soit en adéquation avec vos vibrations.

***

Donner des leçons est chose facile mais vaine,
Les appliquer pour soi avec raison est chose utile et sereine.

***

Le jugement sur votre prochain ne vaut rien,
Vous n'êtes pas devin et personne n'a toutes les cartes en main.

Les inégalités finissent par provoquer d'innom-
brables pagailles,
Chacun doit trouver le moyen de vivre avec son
voisin,
Quitte à chercher bien loin, au fond de ses entrailles,
Le travail consiste à retisser la maille du tissu social,
En valorisant chacun de façon loyale,
À défaut de voir se dresser des murailles.

***

Le perfectionnement de nos qualités donne un
aspect
Harmonieux à tous nos traits,
Il nous rend plus parfait et plus attrayant.

***

Il ne peut y avoir d'histoire charmante sans attitude
aimante.

***

Tout le monde veut être heureux mais sans avoir à
faire vœu de générosité.

***

La solitude bien vécue mène à la quiétude,
Cette attitude de retrait, de façon certaine, ne dimi-
nue en rien,
Selon le degré de perception du vrai de chacun,
Ce cheminement mène à la béatitude.

***

L'apparence glisse, l'évidence reste.

L'aisance dans la vie est une facilité,
Mais n'apporte aucune réponse de la vie, en réalité.

\*\*\*

Restez inspiré par ce que vous êtes vraiment,
Ne soyez pas aspiré par ces tourbillons incessants.

\*\*\*

Il existe autant d'hommes que de défaillances possibles,
Mais toute défaillance peut se rendre à l'évidence de son manquement,
Assurez-vous du traitement et de l'attention que vous accordez aux autres,
Un jour ou l'autre, tout finira par être transparent.

\*\*\*

Évoluer et rester en position, sous le silence,
Vous apportera bien des réponses
Sur vos propres défaillances.

\*\*\*

L'idée que vous pouvez vous faire du vrai,
Ne peut qu'être éloignée de ce qu'il paraît,
Vous en approcher est déjà un bienfait,
Le toucher un rêve parfait,
Et le côtoyer un véritable attrait.
Mais l'humanité reste en général très en retrait, de ses possibilités.

\*\*\*

Nos chemins de vie sont préalablement déterminés,
Inutile pour autant de vous formaliser,

Nous avons accès à des degrés de vérité,
Qui, pour la plupart, restent inexplorés.
Nous pensons être dotés de volonté,
Il serait plus vrai de parler de volitions,
Qui, apparemment, ne nous amènent pas
À pousser bien loin toute réflexion.

*** 

La richesse que procure l'argent s'amasse sans répit,
En dépit de tout et surtout de vous.
La richesse spirituelle se détache de tous en toute
légèreté,
En faveur de chaque être et de tout.
La première contraint sans relâche, la seconde
délivre sans délai.

***

Lorsque l'homme de pouvoir agit avec raison, il
mène au mieux son action,
Lorsqu'il agit pour le pouvoir, il est gouverné par
ses passions.

***

La vie est un don qui s'offre aux êtres avec le même
entrain,
Les inégalités constatées sont issues du seul compor-
tement humain.

***

Si nous détenons par la vie, tous, le même trésor,
Nous n'évoluons pas tous dans le même décor,
Mais quel que soit le corridor emprunté,
Il revient à chacun de faire jaillir ses qualités,
En conformité avec son essence vraie.

Même si le temps est une pure invention artificielle,
La crainte du temps qui passe est bien réelle,
Tout comme l'idée d'être mortel.

***

La vie est un don.
Sa durée en temps ne se perd pas,
Ni ne se gagne.

***

Le temps n'adopte qu'un rythme, celui de l'instant présent.

***

Le temps rythme notre existence
Sur toute sa distance, mène la cadence,
Et même toute la danse.

***

Abordez le temps comme étant
La graduation de l'écoulement de chaque instant présent.

***

Il n'existe qu'un temps c'est le présent,
Il n'existe qu'un temps pour tous, c'est l'instant,
Il n'existe qu'un temps d'existence, c'est la durée de votre présence.
En tout cas, c'est là que se situent les limites de nos connaissances,
La vie, elle ne se limite pas à nos croyances.

***

Vous pouvez, vous voulez, vous avez,
Sans ne jamais rien révéler de vrai,
Cessez de renvoyer aux autres vos différents reflets,
Découvrez enfin votre véritable identité.

*\*\**

Les leçons les mieux apprises
Sont celles qui viennent à nous,
En étant intuitivement comprises,
Et qui sans surprise, n'auront pas à être reprises,
Sans que quiconque ne les trouve jamais dans
Aucun enseignement ni livre.

*\*\**

Les voluptés qu'éprouve l'homme dans les plaisirs
du corps,
Sont esquisses et de courte durée.
La stabilité de l'âme que procure le sentiment de
joie intérieure,
Est une sensation de sérénité à durée constante.
Ce dernier est cependant moins recherché,
S'il semble plus difficile d'accès,
Ce n'est pas la vérité.
La recherche du vrai bien
Se loge dans l'esprit de l'être humain.
Le chemin se dessine en fonction du degré
De perception de chacun.
Nul besoin ici, de condition préalable d'érudition
ou d'acquisition.

*\*\**

En faisant le choix d'avoir de multiples besoins,
L'humanité s'éloigne bien loin,
Du seul véritable soin,
Dont elle a besoin.

\*\*\*

La joie que vous êtes en mesure de procurer à autrui,
Par vos élans de générosité,
En vous, ne pourra que se multiplier,
Et vous inciter à ne jamais cesser,
Ce bel effet.

\*\*\*

Le véritable indigent est celui qui n'a pas d'esprit.

\*\*\*

Les richesses dont la nature nous fait don
Sont laissées à l'abandon,
Au bénéfice des richesses que procure l'argent,
Qui ne sont, elles, détenues que par quelques-uns,
Laissant au ban, un bon nombre d'indigents,
Prêts aux pires aberrations pour de la possession,
Et provoquant ainsi l'aliénation ;
Ne laissant que peu de place à une véritable
libération.

\*\*\*

On vous prête oreille pour vos fameux conseils,
Pouvoir le faire ravit votre ego à merveille.

\*\*\*

À défaut de connaître la cause de notre nature,
Nous ne pouvons agir qu'avec désinvolture.

\*\*\*

Le sentiment amoureux est extensible,
Mais surtout réversible.
L'amour véritable reste invariable.

***

Pour la plupart, vous êtes bien trop empressé à dépenser sans compter,
Plutôt que d'avoir à conter vos véritables pensées.

***

Même avec beaucoup de volonté, vous n'arriverez pas à accumuler
Plus d'idées que de paquets, mais qu'importe pour vous, l'essentiel
Est de dépenser sans compter.

***

Vous parviendrez difficilement à compter le nombre de paquets
Accumulés, depuis tant d'années, contrairement au nombre de vos idées.

***

Tant d'énergie déployée à toujours plus consommer,
Pourtant, rien n'est jamais en mesure de vous contenter.

***

L'étranger vous effraie alors,
Pour vous sentir rassuré et vous mettre en sécurité,
Vous fermez tout à double clef.
Pour autant, vous ne semblez en rien apaisé,
Il semblerait que cette peur soit bien ancrée.
Apprivoisez-vous et le reste deviendra léger.

***

Le sentiment amoureux est en réalité porté essentiellement sur votre propre reflet.

\*\*\*

Face à l'effroyable, il ne sert plus à rien de se
lamenter,
Ni même de juger le mal qui est fait, en revanche,
il est impératif de méditer.

\*\*\*

Les inégalités sont à l'origine du pire pour l'humanité,
Envisager chaque identité avec justesse
Sera porteur de paix.

\*\*\*

Ne détournez pas les yeux devant une inégalité,
Ne permettez jamais à quiconque de décrocher,
Une identité à la dérive est un danger pour
l'humanité,
Permettre à chacun d'exister favorisera la paix.

\*\*\*

Chaque dommage a une origine,
Il convient d'en comprendre la racine,
Ainsi vous éviterez la ruine.

\*\*\*

Avant de consolider les deux extrémités,
Il est préférable de comprendre pourquoi la branche
a cédé.

\*\*\*

L'obscurantisme est l'ennemi du meilleur,
Les possibilités se dessinent en pleine lumière,
Seule la lumière oriente notre cœur,
Restez en lien avec votre ardeur.

La faveur de tous détermine l'éclat de chacun,
Le rejet des uns conditionne la perte des hommes.

Si rien n'est mis à plat, aucun édifice ne tiendra.

La foule a besoin de directives éclairées, Alors que l'élite manque de perspectives ciblées.

Le genre humain est en proie à trop de servitudes,
Pour avoir la moindre certitude, mais c'est sans inquiétude,
Qu'il en prend l'attitude.
De sorte qu'il ne doute pas de sa complétude.

L'ego résonne comme un écho flatteur dans l'esprit de l'homme,
Et ne lui accorde aucun repos.

Si le pire vous fait réagir,
Faites le meilleur en vous faisant plaisir.

La joie est la voix du bonheur,
Il ne tient qu'à vous de lui faire honneur.

Il ne faut pas confondre celui qui ne veut rien,
Et qui reste en lien avec le vrai bien ;
D'avec celui qui n'a rien sans aucun lien.
L'un est serein, l'autre est en déclin.

***

N'enchaînez pas vos idées ou vous scellerez vos pensées,
Libérez-les sans délai, pour exister, l'esprit reste sans lien.

***

Soyez hermétique à toute croyance qui prône
L'adoration au détriment de la libération.

***

Se prosterner aveuglément devant un quelconque messie est une hérésie,
Abordez la missive de votre vie dans une atmosphère quiète, et en parfaite harmonie.

***

Aucun attroupement n'est favorable à l'apaisement,
Favoriser l'isolement apportera réponse à tout questionnement.

***

Prenez bien soin au quotidien du rapport que vous avez avec vos prochains,
Abordez chacun avec les mêmes égards, du mendiant au plus puissant,
Humainement, il n'y a aucun écart, les différences ne sont que modales,
Veillez à ne jamais rompre notre inhérence commune.

***

Chaque inégalité subie ne peut que laisser présager le pire en ricochet.

***

Ce qui semble essentiel aujourd'hui c'est d'avoir du réseau,
Même au détriment de son propre écho.

***

Contrairement à l'humain, la nature ne se vexe en rien,
Ceux qui agissent de travers doivent s'attendre à
Un revers de sa part, car elle ne se laissera pas faire.

***

Quelle que soit sa force, la nature ne s'afflige d'aucune catastrophe,
Son tempérament reste constant. Contrairement à l'être humain
Qui lui, est enclin à l'excès de ses passions.

***

L'amour est l'affect phare de l'être humain
Qui subit bien des écarts,
Sortez de vos remparts et accordez-lui plus d'égard,
Ainsi vous aborderez la vie comme un art.

***

L'homme est un être de raison qui pourtant, trop souvent en fait abstraction au profit de ses passions.

***

La stimulation des passions sans aucune régulation
Mène à la destruction de la raison.

\*\*\*

La raison ne conduit pas forcément à la vérité, mais sa
Proximité permet d'évoluer de façon éclairée.

\*\*\*

Votre silence intérieur a tendance à vous faire peur,
C'est pourquoi vous faites l'acteur et contentez vos spectateurs.

\*\*\*

La révolte est la récolte de tant d'afflictions au fil des saisons.

\*\*\*

La compassion vient à bout de toutes les lésions instantanément,
Consommez ce don sans modération.

\*\*\*

Cibler le meilleur n'a rien d'une chimère,
Chacun doit viser en plein cœur
Pour percevoir en soi le meilleur.

\*\*\*

L'accumulation de la possession procède de l'idée d'immobiliser la situation avec
Une sensation de comblement et de satisfaction.

\*\*\*

La possession est un réconfort, à défaut de la frustration de
Ne pouvoir s'emparer du temps.

Chaque injustice produite est susceptible d'offensive,
C'est pourquoi toute société se doit d'être cohésive.

Celui qui n'adhère pas à son protocole n'a aucune parole.

Celui qui n'entend pas suivre son instinct sort de son chemin,
Mais n'affectera pas son destin.

Celui qui ne voit pas son prochain finira rabat-joie.

En matière de bien, tout a nécessairement un prix sans
Pour autant être un bienfait.

L'humanité sans diversité et c'est la vie qui s'éteint.

Au cœur de sa diversité, la vie bat son plein,
Sans elle, il ne reste rien.

Vous cachez vos souffrances derrière vos apparences,
Mais votre conscience ne suit pas la cadence.
Vivre en toute transparence vous donnera meilleure assurance,
Pour dompter vos carences, et gagner en confiance.

Vous fiez aux apparences, vous mènera à l'errance en toute dépendance.

La conscience mène avec aisance à la connaissance
Du sens à prendre, et ce, sur toute la distance.
En considération du degré de perception de chacun.

Vous employez votre temps en constante accélération jusqu'à la compression,
Il vous faut même en gagner, alors que le temps se fait don.

Au-delà de la concrétisation de vos projets, c'est dans la réalisation
De vos idées que vous êtes au mieux de votre personnalité,
En accord avec votre entité, capable d'appréhender votre degré
De perception dans l'unité.

Agir sans vouloir consiste à s'adapter à ce qui se présente,
Afin d'éviter bien des tourments.

Si le matin parfois, le réveil semble brutal,
Rien n'est semblable en ce qui concerne l'éveil.

Il est préférable d'être bon à ne rien vouloir
Que mauvais à tout avoir.

*** 

Faites en fonction de vos possibilités et moyens,
Sans avoir le regard rivé sur votre voisin.
Faites en fonction de ce que vous détenez
concrètement
En main, pas plus loin, vous procurera le plus grand
bien.

***

La servitude et le mal-être détiennent celui qui se
projette sans fin.

***

L'excès de confort vous procure du réconfort,
Au détriment de votre esprit qui lui, s'endort.

***

Vous vous sentez fort uniquement parce que vous
Évoluez dans le confort
Sans accorder autant d'assurance aux fondations de
votre forteresse.

***

La progression dans la connaissance et les sciences,
Nous procure un certain confort dans notre
existence,
Sans que n'avance avec évidence la connaissance de
notre essence.

***

La compassion doit se répandre avec contagion,

Et s'étendre aux futures générations.

*** 

Si un silence peut parfois en dire long,
Il ne peut être sujet à confusion ou faux-semblant.

*** 

Plus vous vous aliénez avec vos substances,
Plus vous vous éloignerez de votre véritable essence.
La distance entre le corps et l'esprit fait l'objet de
bien des souffrances,
Veiller au respect d'une certaine concordance
Vous ravira l'existence.

*** 

Avec ou sans adversité, vous usez de votre perversité,
Laquelle agit sans délai, avec sévérité sur votre
identité.

*** 

Vous agissez par conformisme social au détriment
De votre souffle vital ;
Plaire aux regards vous semble essentiel
Aux dépens de votre véritable essence.

*** 

Plus l'abondance et l'arrogance rythment le cours
de votre existence,
Plus vous faites taire le degré de votre véritable
essence.

*** 

Il vaut mieux trouver sa propre cadence que
Suivre la foule dense.

*** 

Vous êtes dépendant du capital qui n'est pourtant pas vital.

***

Du plus puissant à l'indigne,
Vous êtes dépendant de vos actifs circulants,
Simple moyen de paiement et de transaction, et pourtant,
Devient obnubilant et déterminant dans l'existence de chacun.
Faites preuve de discernement, vous êtes vivant pour un temps avec ou sans argent.

***

Votre esprit épuisé est pris par le souci de vos ressources,
Sans jamais puiser à la véritable source.

***

La vérité peut prendre toutes les formes,
Alors que notre perception sur le vrai est limitée
À ce qui nous semble conforme.

***

Plus belle est la face, plus laid sera le dos,
Si l'esthétique peut vous méprendre,
Tout finit un jour, par fondre.

***

L'espoir est la racine du désespoir.

***

La meilleure adhérence face au tiraillement de nos différentes affections reste la confiance.

***

Ces lendemains-là, les regards ne sont plus droits, contrairement aux démarches.

Ces matins où chacun pense avoir exercé son droit, en faisant le meilleur choix,

L'air fait tomber les mouches ; ces jours-là comme les autres pourtant,

Il n'y a pas un être qui ne soit humain de souche.

***

Ces foules résonnent et font écho,

Mais ces agitations se font au détriment de votre propre son,

De sorte que vous suivez le bataillon,

Or, c'est d'abord dans le recueillement de chacun

Que finit par apparaître l'adéquate solution.

***

La diversité est la richesse de l'humanité.

***

Sans empressement, ni projection,

La vie se déploie résolument.

***

Restez plus à l'écoute de vos propres codifications,

Et vous serez en adéquation avec vos solutions.

***

Abandonnez toute crispation, si nécessaire, faites le dos rond un temps,

Toute situation a son contraire, la vie est en mouvement.

***

La rationalisation de vos sentiments est la solution pour ne pas sombrer,
Avec à la clef, une sensation d'apaisement.

***

Vous formulez des vœux hasardeux pour un futur heureux,
En ignorant l'instant précieux forcément malheureux,
Cela ne favorise pas de présent généreux,
Tous ces souhaits sont infructueux, ouvrez les yeux.

***

L'harmonie est aussi nécessaire que l'air que vous respirez,
La rigidité dans vos rapports aux autres,
Vos paroles blessantes à chaque mot prononcé,
L'expression de vos traits fermés, sont la traduction de blessures non cicatrisées.
Sachez que la douceur en vous, qu'il vous faut retrouver,
En reprenant la position du nouveau-né,
Vous renouera avec la sérénité.

***

Vous dites être épris de dieux et imposez votre absolutisme,
Sans jamais faire don d'altruisme.

***

Vous imposez de rigides pensées aux faibles d'esprit,
À des fins de manipulation, et des tenues étriquées pour masquer votre perversion.

***

Vous êtes plutôt du genre tenace
Pourtant, vous ne parvenez pas à trouver votre place
Cependant, l'espace ne constitue pas une menace,
Soyez en phase, car c'est en vous que tout se passe,
Tout deviendra alors plus efficace.

***

Cet homme bon
Se laisse envahir par ses obligations.
Cet homme bon
Se laisse guider par la raison au détriment de ses propres pulsations.
Par chance, cet homme bon est aussi plein de compassion et, c'est un véritable compagnon.
Dans le fond, il serait bon pour cet homme, de trouver l'apaisement.

***

Détournez ce regard de pitié ou descendez de votre ascension,
Sachez qu'aucune situation n'est jamais à l'abandon mais que toutes les
Situations sont possibles de changement.
Éprouver de la pitié c'est se placer sous un mauvais angle, et placer l'autre là où il
N'est déjà plus.

***

Vous n'êtes pas en mesure de trouver votre propre voie, pourtant vous indiquez
La direction.
Vous n'hésitez pas à imposer vos volontés au nom d'une idéologie obstruée,

Avec acharnement, il est question de domination,
Pour cela, vous êtes maître en manipulation,
Sans hésitation, la foule est en adoration de chacune
de vos paroles,
Vous qui êtes en transconnexion.

*Impression : SoBook - Roubaix*

*Imprimé en France*

*Dépôt légal : Juin 2015*